한국국민악회 편

새동요집

참여작곡가

강은영	김미옥
문성모	배승희
심진섭	이영선
이유진	장양순
전인평	정순영
정유식	주성희

한소하우스

신작 동요집을 내면서

작곡가가 동요를 쓴다는 것은 어찌 보면 가장 행복한 일이지만, 가장 어려운 작업이다. 행복하다 함은 동요를 통하여 어린 시절의 순수함을 회상하고 맛볼 수 있는 기회가 된다는 것이다.

어린아이의 순수와 순결을 회복할 수 있는 사람은 행복하다. 우리는 다 큰 다음에야 어린아이들을 보며 "저 때가 가장 행복했지!"라고 말한다. 그러나 그때는 그것이 행복인 줄 모르고 빨리 어른이 되기를 원하였다. 동요를 작곡하는 마음에는 어린 시절의 순수함이 되살아난다. 그리고 이 어려운 세대 속에서 행복의 물을 마시고 양식을 얻는다.

동요가 많은데 국민악회에서 다시 동요집을 내는 데는 이유가 있다. 작금의 동요가 동요답지 못하기 때문이다. 동요란 누구나 쉽게 부를 수 있어야 하는데, 대부분의 동요가 각종의 기교와 현란함을 덧칠하여 순수성을 상실하였다. 어린아이의 얼굴에 짙은 화장을 한 셈이다.

다시 화장을 지워야 한다. 어린이의 맨얼굴은 어른의 화장기 어린 얼굴보다 더 예쁘고 아름답다. 누구나 아무 때나 부를 수 있고, 불러서 행복해지는 노래가 동요의 자리이다. 그 자리를 회복해 주고 싶다.

작품을 내신 모든 작곡가들에게 감사를 드린다. 악보 사보로 고생한 유시효 간사에게 감사드린다. 출판을 맡아주신 한홍수 대표께도 깊은 감사를 드린다.

2024년 1월 18일
문성모 (한국국민악회 회장)

차 례

비 오는 날 무지개

진관스님 작사
강은영 작곡

DMaj7 E/D C#m F#m7 Bm7 E A A7
f 동구 밖노을 속— 에 돌다리— 만들었나
DMaj7 E/D C#m F# Bm7 E7 D/A A
허공 에잠든별 하— 나 춤추며 내려오네
D C#m F#m Bm7 D/E E A D/E E
mf
A F#m A/E A A#dim Bm11 F# /E
mf 버들 잎에 떨어지는— 물방 울을 붙—들어—
mp

하늘밖―구름위―에 나비춤을추―려느냐
눈감―고―바라본언덕― 오색구름――잠드
네 비오는날무지개

아름다운 노래

진관스님 작사
강은영 작곡

mf 행복 은 기다린 노래를 부르는 꿈 그 날 밤부터 속삭이
는 달콤한 꿈 하 늘에 달 빛 처 럼 꿈 같은 희
망 f 우 리에게 주 어 진 것 사 랑

사 랑 에 꽃 피 우 는 날 은 행 ― 복
우 리 에 게 주 어 진
것 사 ― 랑 ― 사 랑 에 꽃 피 우 는 날 은 행 ― 복
사 랑 에 꽃 피 우 는 날 은 행 ― 복

아침에 일어나 달려요

진관스님 작사
강은영 작곡

♩=130
경쾌하게
mf
Bb   F/C   C7   Am7   D   Bb
Gm7   Bb/C   C7   F   Bb   C
mf
mf
1. 아 침 에   일 어 나 ―
2. 별 빛 이   내 려 온 ―
F   Bb   C   Bb   C   F
산 길 을   달 려 가 면 ―   산 ― 길 ― 숲 ― 잠 들 은 ―   참 새 들 도 날 아 와
숲 길 을   걸 어 가 면 ―   숲 ― 길 ― 에 ― 찾 아 온 ―   별 빛 따 라 걸 어 요

힘 차게 노래불러요 꽃춤을추어 요 — 아침에
즐 겁게 노래불러요 별잔치하네 요 — 아침에
일 어나 산길을 — 달려 가면
일 어나 숲길을 — 걸어 가면
아침에 일—어나— 달리는운동하면 —
새 — 별이 — 방긋 방긋 — 미소하며 춤추네 —

Bb   C/Bb   Am7   D
아 침 에 일 — 어 나 — 달 리 는 운 동 하 면 —   랄 랄 라
f

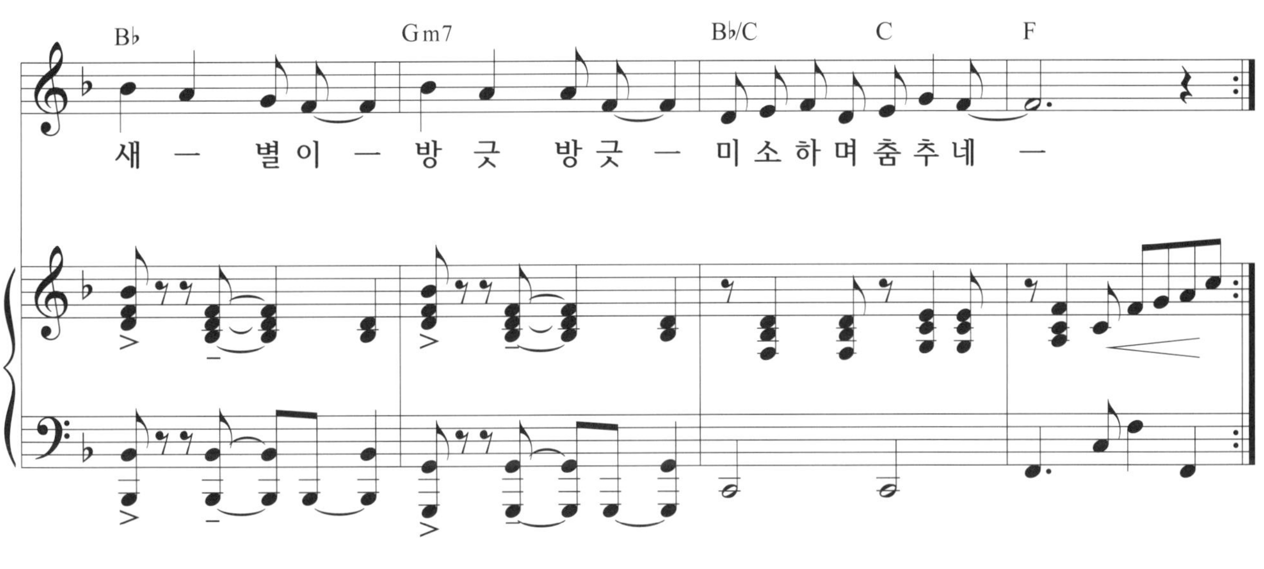

Bb   Gm7   Bb/C   C   F
새 — 별 이 — 방 굿 방 굿 — 미 소 하 며 춤 추 네 —

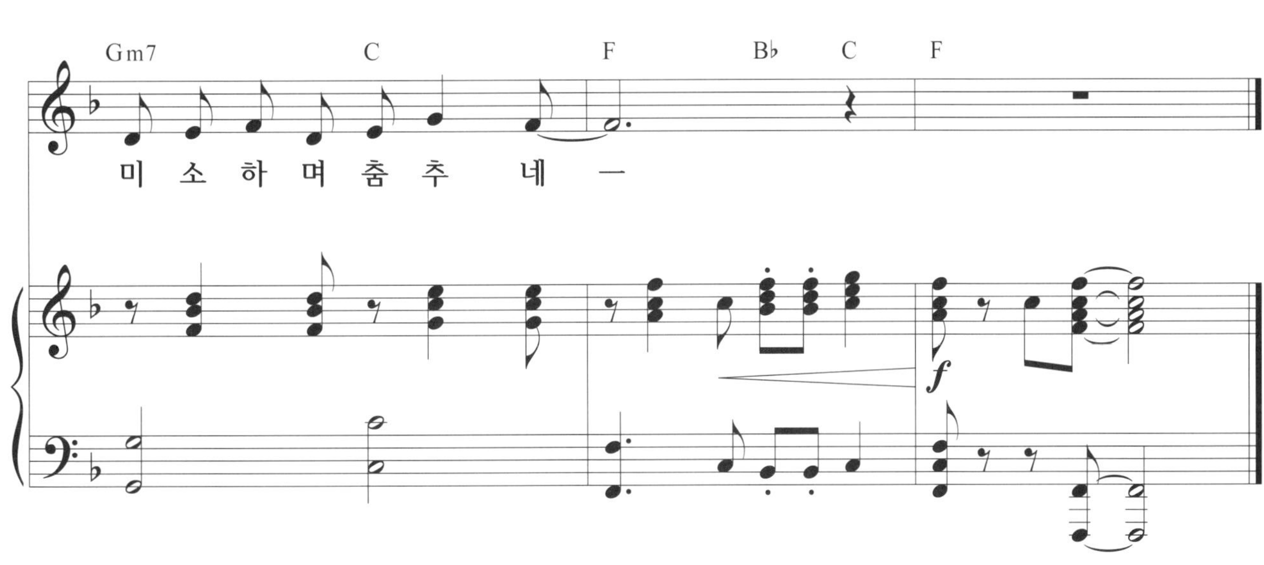

Gm7   C   F   Bb C   F
미 소 하 며 춤 추 네 —
f

나무처럼

김 미 옥 작사
김 미 옥 작곡

계 절 마 다 자연스레 — 바뀌는게 멋지잖아 —
나 무 야 나에게만 —살짝 알 려 주겠 니
잘 먹 고 잘—자면 —너처럼 될 수 있을 까

2.
A　Bm7　E7　F♯m7　Bm7　Bm9
까　너처럼 되고싶은데　너처럼 되　고
E7　A
싶　어
sfp
f
p

눈이 눈이 내린다

박경종 작사
문성모 작곡
보통 빠르기로

1. 눈이 눈이 내린다 하늘에서 내린다
2. 눈이 눈이 내린다 하늘에서 내린다
너울너울 춤추며 하늘에서 내린다
지붕에도 내리고 장독에도 내린다
좋아하며 웃고 섰는 우리들 입 안에도
좋아하며 꼬리치는 강아지 등 위에도
눈이 눈이 내린다 소리없이 내린다
눈이 눈이 내린다 소리없이 내린다

바람 바람 바람의 코는

김숙분 작사
문성모 작곡

조금 빠르게

아빠 얼굴

아빠 얼굴
엄기원 작사
문성모 작곡
조금 빠르게
G Em7 C G
1.신 문 보 다 잠 드 신 아 빠 얼 굴 에
2.조 금 있 다 살 며 시 눈 을 떠 보 니
C G/B G Am/C D
가 만 히 — 내 뺨 을 대 어 보 았 죠
아 빠 는 — 알 면 서 그 냥 계 셨 죠
G Em7 D7 G/D C G/B
솔 처 럼 까 칠 까 칠 따 가 운 수 염
눈 가 에 얼 굴 위 에 번 지 는 미 소
G C G D G
우 습 다 까 뭇 까 뭇 아 빠 턱 수 염
하 하 하 나 도 그 만 웃 었 답 니 다

21

염소

엄기원 작사
문성모 작곡
조금 빠르게

1.구 름 동 동 하 늘 이 물 에 잠 기 면 강 물 에 잠 기 면
2.동 무 없 는 강 둑 에 풀 을 뜯 다 가 새 김 질 하 다 가

먼 하 늘 을 보 면 서 노 래 부 르 네 떨 리 는 음 성 으 로
잠 자 리 가 한 마 리 뿔 에 앉 아 도 떨 리 는 음 성 으 로

아 이 들 - 오 며 는 웃 겨 주 려 고 수 엄 - 달 았 네
동 무 가 - 왔 다 고 수 염 흔 들 며 웃 어 - 준 다 네

우 하 하 하 하 하 하 염 - - 소 할 아 버 진 내 친 구
우 하 하 하 하 하 하 염 - - 소 할 아 버 진 멋 쟁 이

우리나라 좋은 나라

진관 작사
문성모 작곡

고마워요

배승희 작사
배승희 작곡
밝고 명량하게 ♩.=50
mp
1. 함
2. 내
G -/B C Am GMaj7 Am7 G/B C/D D7b9
mp
p
께 있 는 친 구 때 문 에 오 늘 하 루 즐 거 운 날 이 죠
가 족 들 이 ― 있 어 서 매 일 매 일 사 랑 을 느 끼 죠
mp
함
따
G -/B C Am D GMaj7 Am7/D
mp
p
우리
께 놀 고 웃 고 배 우 고 오 늘 하 루 기 분 이 좋 ― 아 요 ―
뜻 하 게 안 ― 아 주 고 서 로 서 로 사 랑 을 말 ― 해 요 ―
G -/B C Am D G
mp

엄마아빠
소중한모든이에게
고마워
내 친 ― 구 들
라 고 말 해 준 다 면 모 두 가 행 복 하 겠 죠 ―
고 마 워 요
늘 함 께 여 서
매일
고 마 워 요
늘 함 께 여 서 ―
poco a poco cresc.
mp
mf
p
B
Em
C
G/B
Am7
D
G
p
mp
C
Am7
Bm
Em
A
Dsus4
D
mf
poco a poco cresc.
f
f
G
C
Am
f

26

고운 우리 한복

배승희 작사
배승희 작곡

노 — 랑 저 고 리 붉 — 은 치 마 연 두 댕 — 기 오 색 빛 깔 꽃 이 로 다
노 — 랑 저 고 리 붉 — 은 치 마 연 두 댕 — 기 오 색 빛 깔 꽃 이 로 다
어 여 쁜 꽃 잎 의 예 쁜 빛 만 가 득 담 아 서 자 연 의 모 습 닮 은
어 여 쁜 꽃 잎 의 예 쁜 빛 만 가 득 담 아 서 자 연 의 모 습 닮 은

우 리 한 복
동 글 동 그 란 선 과
우 리 한 복
곧 게 내 린 선 이 만 나
Dm G Dm G Am C/G F C/E
p
mf
곱 고 예 쁜 우 리 한 복 — 바 람 에 날 리 며 한 들 한 들
곱 고 예 쁜 우 리 한 복 —
Dm F/G C -/B Am C F C/E
mf
1.
오 색 빛 깔 어 여 쁘 다 곱 고 고 운 우 리 한 복 —
1.
Dm C/G 1. Dm G C

곱 고 고 운 우 리 한 복 바 람 에 날 리 며 한 들 한 들
바 람 한 들 한 들
오 색 빛 깔 어 여 쁘 다 곱 고 고 운 우 리 한 복
곱 고 고 운 우 리 한 복

호기심 대장 빗방울

배승희 작사
배승희 작곡

mp
호 수 에 도 퐁 당 퐁 당
mp
물 웅 덩 이 퐁 당 퐁 당
C2
C2
G
G2
G2
어 ─ 디 든 가 고 픈 호 기 심 대 장 빗 방 울 물 방 울 은 어 디 든 온 통
어 ─ 디 든 가 고 픈 호 기 심 대 장 빗 방 울 물 방 울 은 어 디 든 온 통
Am7
D7
Bm9
Em7
C
G/B
Am7
가 고 프 네
가 고 프 네
f
빗 방 울 이 톡 톡 톡 ─
빗 방 울 톡 톡 톡 ─ ─ ─ ─
FM7
D7
D
GM7
Am7
f

어디든지 달려가 — 애들아 뭐 하니 —
나에게도 달려와 — 다함
어 디 든 달려가 — 애들아 뭐 하니 —
나 에 게 달려와 — 다함
D7 G/D G C Am7 Dsus4 D
께 노 올 자 — 물웅덩 — 이에 도 퐁당 —
께 노 자함께 — 놀자 물 웅 덩 도 퐁당 —
C Am7 Dsus4 D GM7 Am7
호 숫가 — — 에 도 퐁당 — 어 — 디든가 고픈 호기심대장
누구와도놀 고픈
호 수 에 도 퐁당 — 어 — 디든가 고픈 호기심대장
누구와도놀 고픈
D7 GM7 Am D B Em7

빗 방 울 물 방 울 은 어 디 든 온 통 가 고 프 네
빗 방 울 물 방 울 은 어 디 든 온 통 가 고 프 네
네
네
1.
2.
C
G 2/B
A m7
D 7
G
G#dim7
G
D 6(#5)
G

개구장이 비

이문자 작사
심진섭 작곡

비 가 오 네 요 빨 간 우 산 노 랑 비 옷
초 록 색 장 화 찰 방 찰 방 빗 길
걷 고 싶 은 데 비 가 안 — 오 네 요
비 — 가 안 오 네 요 —

개구장이의 봄

이문자 작사
심진섭 작곡

백 일 홍 어린싹을 잡 ―아당겨요
무 슨색 ―일까 정말궁금해 ―
무 슨색 ―일까 ― 정 ―말궁금해
팬 지꽃 봉 우리를 한 겹 한 겹

또 한 겹 벗 겨 요 — —
"앗, — 엄 마 다!" 헐 레 벌 떡 달 아 나 는
개 구 — 장 이 허 급 지 급
바 둑 이 도 뒤 쫓 아 가 요

겨우내 나무는

이문자 작사
심진섭 작곡

후 끈 후 끈 더 운 숨 땀 방 울 이 맺 힌 다
땀 — — 이 흐 — — 른 다 —
아 이 더 워 — 아 이 더 워 —
벌 써 봄 이 왔 — 나 새 — 순 — 이

빼꼼 빼꼼 고 개를 내 — — 민
다 — 새 순 이 톡 톡
톡 톡 톡 톡 톡 터 져 — —
나 — 온 다 —

들로 산으로

심재기 작사
심진섭 작곡

산에는 지지뻑 꾹 산새들 노래 들에는
올 여름 울긋불 긋 색동옷 입 고 비바람

황금물 결 싱그런 바람 황금물 결 싱 ― 그 런
억세어 도 꽃을피우 는 산새친 구 엄 ― 마 품

들로나 갈 까 울긋불 긋 단풍고운 산으로 갈
산에갈 거 나 들꽃향 기 퐁퐁솟 는 들에갈 거

까 훨 — 훨 나 는 산 새 처 럼
나 메 — 꽃 처 럼 들 꽃 처 럼
자 — 유 롭 게 날 면 서 톡 톡
향 — 기 롭 게 피 어 나 지 구
여 문 오 곡 처 럼 알 찬 사 — 람
촌 에 자 랑 스 런 한 국 인 — 이
될 거 야 훨 — 훨 훨 싱 — 싱
될 거 야

F/C   Eb   Cm   Bb   F/C
싱   톡 톡   톡 톡   너 울 너 울
Bb   F   Bb   F
지 지 뻐 꾹   지 지 뻐 꾹   포 롱 포 롱   포 르 르
Bb   F   Bb   F   Bb
지 지 뻐 꾹   지 지 뻐 꾹   포 롱 포 롱   포 르 르

막내 동생

심재기 작사
심진섭 작곡

아름답고 흥겹게 ♩.=54

막내는 첨벙첨벙 강아지―는 쫄랑쫄랑
첨벙첨―벙첨 벙첨―벙 쫄랑쫄―랑 쫄랑쫄랑
또 또 또 저런 저런 또 또 또 저런 저런
엄마 꾸지람 아빠 꾸지람

네가있어 행복해

이영선 작사
이영선 작곡

Andante ♩.=58
C G7(♭9) C G7(♭9) C Am7(♯5)/G C G7(♭9)
C Am7(♯5)/G C G7(♭9) F C Dm7 G
mf 마 음 이 속 상 할 때 내 마 음 알 아 주 는 친 구
F F/C G/D Em Am7 F C/G G G7sus
재잘재 잘 재잘재 잘 떠들다 보 면 f 어 느 새 웃 음 가 득
F G7 C C7/G F C Dm7 G7(♭9)
행 복 은 어 디 있 나 요 mf 멀 리 있 는 게 아 니 예 요
mp
mf
f

가 까이 있는 고 마운사람 함께라서 든 든한 나의 친구들
힘든시간 들도 함께울고 웃고 눈물과웃음 나누어요
함 께 한추억들 만들어갈이야기 네가있어 행복해
D.S. al Coda

마 음이속상 할때 내 마 음알 아 주는친구
하하호호하하호호 웃음가득 네가있어행복 해
소 중 한 나의친구

마음 씨앗

이영선 작사
이영선 작곡

난 할 수 있 어 해 낼 수 있 어 씩씩한 마 음 새 싹 자라 고
예 쁜 말 좋 은 생 각 쑥 쑥 쑥 쑥 자 라 나 요
마 음 씨 앗 물 을 주 면 쑥 쑥 쑥 쑥 자 라 나 요

별님 달님 이불 덮고

이영선 작사
이영선 작곡

그 옆에 달 - 님 이 - 잠 깨어서 나 오셨지요
달님 잠 깨어서 나 오셨지요
별아별아 노란별아 우리엄마만 나면 은
별아별아 - 노란별아 우리엄마만 나면 은 -
꽃무늬가 새겨진 이 불하나 덮어주고 와-주렴 - -
꽃무늬가 새겨진 이 불하나 덮어주고 와-주렴 - -

Am   Am   Em   E   Am
ff
달아달아   하 얀달아   우리아빠만나면   -
달아달아 -   하얀달아 우리아빠만나면 -
ff
Dm   Em   E   Am   F   C/G   F   G   C   Fine
mf 어디만큼   오시 는지 f 밝게 밝게 비춰알려다 오
- 어디만큼 오시 는지 밝게 밝게 비춰알려다 오
mf
f
Am7   Am7   Dm   Em   Fm7   G7 C
f
mf
D.S. al Fine

세종대왕 가라사대

이 소 련 작사
이 영 선 작곡

아니리

그 때 세종대왕 학교 앞을 지날 때에 아이들 삼삼오오 재잘대며 걸어가는디
말은 말인디 이게 무슨 말인고 하니 허이!

소 리

아니리

레알? 어쩔티비? 이게 다 뭔 말이여~ 세종대왕 킹받네 그려~

소 리

숲의 선물

이영선 작사
이영선 작곡

나 에 게 주 는 상 쾌 한 — 선 물 — — —
Dm C/E D/F Dm C/E F G Dm Gsus
(실제 숨을 들이마신다.)
자 다 함 께 숨 을 크 게 마 셔 볼 까 — 흠
C G7/B Am F G Am7(#5)/F Dm G
(실제 숨을 내쉰다.)
자 다 함 께 숨 을 크 게 쉬 어 볼 까 — 후 푸 른
C G7/B Am C/E F C Em Dm Gsus
숲 길 걸 으 면 — 느 껴 지 는 숲 향 기
F G Em C#dim Dm G

자연이 나에게주는 싱그러운선물 — —
C   E/G   Dm Em D/F   Dm Em F   G sus
cantabile
f 푸 른 — 산 나 무를심 — 고 푸 른 — 숲 가 꾸 어 —
F   G   Em   Am7   Dm   G   Dm   C   A
Fine
아 름 다 운 ff 숲 의선 물 — 오 래 간 직 하 고 — 파 —
F   G   Em   Am   F   G   C   Fine
ff
D.S. al Fine
F   G   Em   Am   F   Dm   G sus   D.S. al Fine
mf

감꽃이야기

이 문 자 작사
이 유 진 작곡

C   F C G C
할머닌 별 을꿰신 다 —   이건반 지 이건팔찌 이건목걸   이 —
F G C   Dm D G
할머니 사 —랑— 이 —   함—께 꿰 어 져 —
C   F   G   C
더—욱 아름다 워진 —   별———목 걸—이 —
8va

C   F   G   C
아가는 아장아장 — 멋부리며 뜰 을돌—고 —
C   F   G   C
바—둑이도 즐—거워 — 강중강중 맴 돈—다 —
rit.
rit.
8va

귀뚜라미 노래

이해선 작사
이유진 작곡

*3음이 빠진 5도 화성론으로 반주를 작곡했습니다.
반주(코드)에서 3음을 빼고 연주하세요!

Gm Gm/D C C/G Dm Dm/A Gm Gm/D
귀뚤 귀뚤 귀뚜라—미 귀 — —뚜라 미 노 — —래 —
가을 에는 파란하늘만 파란 하늘만 —보—여요 —
Am Am/E Gm C Dm G C
가 —을—을 노래해—요 가 — — 을을 노 래해 요 —
가 을 에 — 는 파 란 하 늘 만 파 란 하늘만보 — 여 요 —

깨끗이

이문자 작시
이유진 작곡

♩ = c.120

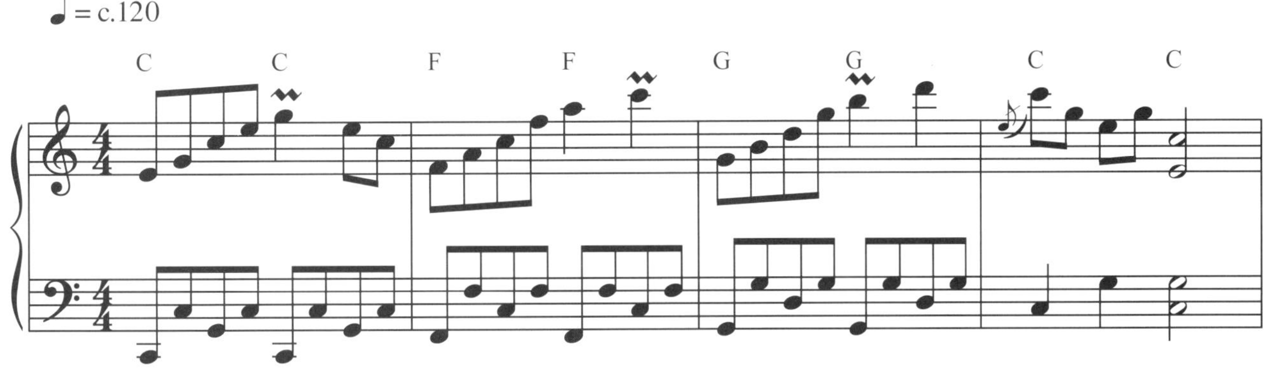

F   C   Dm   G
아 유 비누냄새 — 정 말정말싫 어
F   C   Dm   G
아 유 치약냄새 — 정 말 싫 어
8va
C   F   Dm   G
우 리 들 은 어 서 다 른 데 로 가 자
C   F   G7   C
병 균 들 이 멀리멀 리 도 망 간 단 다
8va

조약돌

이문자 작시
이유진 작곡

F   F   Gm   Gm/Bb
예―쁘   기 도   하―다 ―   바―람 이불면

C   F/C   C   F/C   C   C
바람과   노래하고―   물―결   이찰 랑이면 ―   물―결   과노닐고

F   Bb7   C   F
그 윽한밤   총―총총 총   별―이내―릴―때 ―

C   F   Am/C   Dm   C   F/C   F
소곤 소곤 정 답게나누는사 랑이야기 ―
Bb   C   F/A   Dm   C   Gm   C
가 만가 만네 이름 불―――러 보면 ―
F   Gm   C   F   C   F
자르르르―자르르르― 입 ―속―에 ―서 향 기로머무는소 리 ―
8va
R.H

파란 하늘

이해선 작사
이유진 작곡

<후렴>

강 물위에 떠―있는별 소 쿠리로 떠―볼까나
옥 토 끼 와 노 를 저 어 별―밭에가 볼까나

그리운 누나

장 양 순 작사
장 양 순 작곡

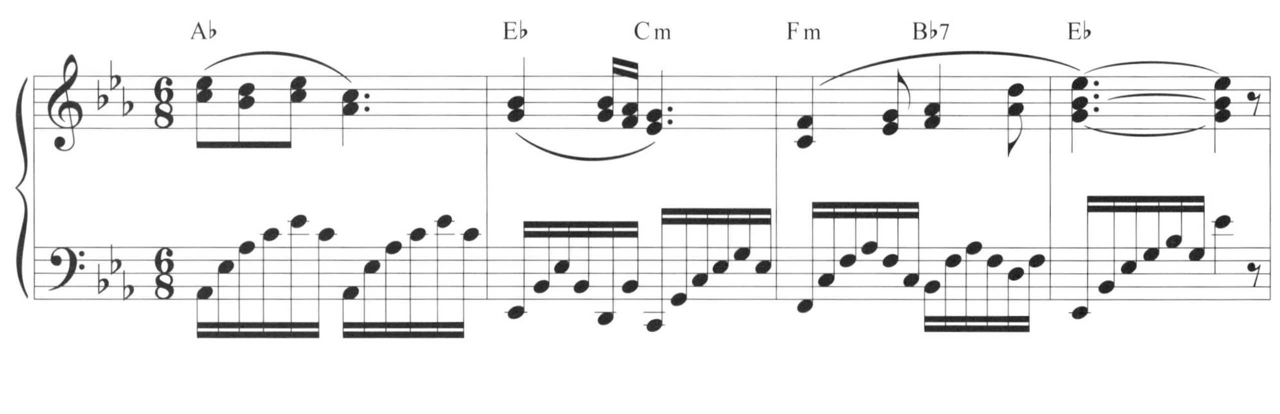

B♭   E♭   A♭   F7   B♭
멀 리 가 신   누 나 가   보 고 싶   어 — 서 —
고 운 마 음   누 나 가   그 리 워   져 — 서 —
A♭   E♭   Cm   Fm   B♭   E♭
봉 숭 아 꽃   오 늘 — 도   그 려 봅 니 — 다   —
꿈 속 에 서   그 옛 — 길   걸 어 봅 니 — 다

내 그림

신 복 순 작사
장 양 순 작곡

강아 지도세마 리쯤키 우고 예쁜 꽃도심 어야지

마 지 막 엔 커 다랗게 나 를그 릴거야

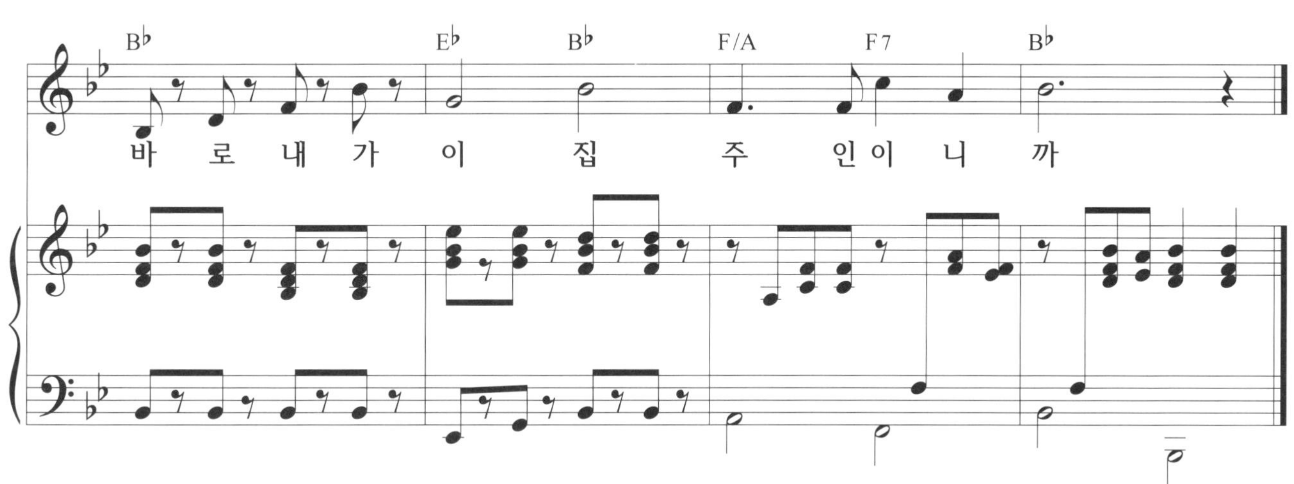

바 로내 가 이 집 주 인이니 까

무지개 떴다

장 양 순 작사
장 양 순 작곡
1. 언 덕 위에 아 름 다 운 무 지 개 떴 다
2. 학 교 위에 하 늘 다 리 무 지 개 떴 다
빨 주 노 초 파 남 — 보 고 운 무 지 개
빨 주 노 초 파 남 — 보 희 망 무 지 개
자 신 있 는 빨 간 색 밝 고 힘 찬 주 황 색 명 랑 한 노 란 색 편 안 한 초 록 — 색
열 정 적 인 빨 간 색 쾌 _ 활 한 주 황 색 영 광 의 노 란 색 평 화 의 초 록 — 색

A   A7   D   /A   A7   A7
지혜로운 파란색   믿음직한 남색   창의적인 보 라_ 색
신뢰희망 파란색   충실겸손 남색   지혜로운 보 라_ 색

D   G   Em/G   F#m7   G#dim   A7
마음대로 고르라고   무 지 개 떴 다
일곱색깔 어깨동무   무 지 개 떴 다

D   G   D/A   A/E   A7   D
사이좋게 가지라고   무 지 개 떴 다
우리들도 어깨동무   무 지 개 떴 다

미 고 사

정 동 안 작사
장 양 순 작곡
♩. = 60

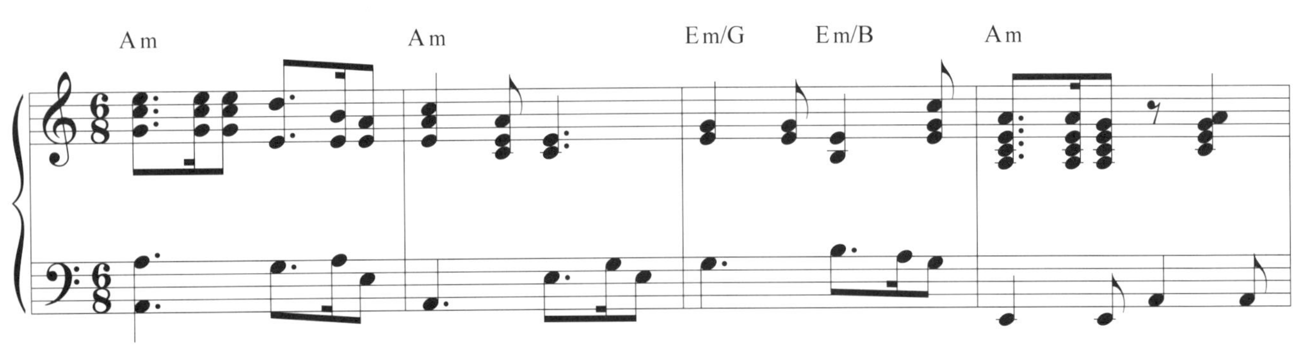

1. 미 안 해 요   고 마 워 요   사 ─ 랑 해 요 ─
2. 미 안 해 요   고 마 워 요   사 ─ 랑 해 요 ─

미 고 사   함 께 하 면   화 낼 일 없 어 요 ─
미 고 사   달 고 살 면   성 낼 일 없 어 요 ─

Dm   Em/B   Em/G   Em/D   Am   Em7
미 — 안 해 요 고 마 워 요   사 — 랑 해 요 —
미 — 안 해 요 고 마 워 요   사 — 랑 해 요 —

Am   Am   Em7   Am/G   Em/B   Am/E   Am
우 리 는 언 제 나 행 복 한   미 고 사 가 족 —
우 리 는 언 제 나 다 정 한   미 고 사 친 구 —

늘푸른 나무

최 선 호 작사
전 인 평 작곡
명랑하게
F   B♭   F   C7
F   B♭   F   C7   F
B♭   F   Gm7   C7
우 리들은 언제—나 늘—푸른나무 들
비 바람이 불어—도 시들지않—고
밝 은하늘 바라보며 창 공에피 는

Bb
F
Gm
F/C
C 7/E
우 ─리는 언 ─제─나 늘푸─른 나 무 ─

F
Bb
C
C7
배 ─우 며 가꿔가는 새─날─의 터 전

F
Bb
F
C7
F
우 리들의 고운꿈이 길─이빛나 리

바람은 불고

김 영 랑 작사
전 인 평 작곡

G   Am   A   D7   G
어 ─ 이 면 한 ─ 숨만   몰 아 다 ─ 주 오 ─
8va

어머님 그리워

신 사 임 당 작사
전 인 평 작곡

경 포 대 앞 — 에 는 한 줄 기 바 람 —
갈 매 기 는 모 래 틈 에 헤 락 모 이 락 —
고 기 배 들 바 다 위 로 오 고 가 리 니 —
색 동 옷 입 고앉 아 바 느 질 할 꼬 —

언덕에 누워

경쾌하게
김 영 랑 작사
전 인 평 작곡
언 덕에 누워 저바 다ー를 보면
빛 나는 잔 물결 다 헤 일 수 없 지 만 눈ー
만 감으면 떠ー오 르는 얼 굴 허공
에 그 얼 굴 을 또 그 려ー봅 니 다

제비꽃
(성악, 해금, 피아노)

고진숙 작사
전인평 작곡

Andante ♩=50

다소곳이 고깔 쓰고 피어 나는 꽃
바람결에 머리 들어 하늘을 본一다
가 녀린 손 내밀어 흔들어 보아도
잡아주는 손 길없어 바람도 자一네
보아주는 눈 길없어 홀로잠 드一네

E
E/G#
B7
mf
mf
mf
길 — 가 바위틈에 피 어 나 는 꽃
E/A
E/G#
/F#
E/B
C#m
C#m/F#
F#m/B
/C#
/D#
조 용히 말을 거 는 제 — 비 — 꽃
다소 곳이 머리 들 어 하늘 을 보 — 네
Em
Am/C
F#7(♭5)
Bm
f
f
f
가 녀린 손 내밀어 흔들어 보 아 도
하 늘이 손 내밀어 흔들어 주 어 도
3

Em
3
잡 아 주 는
기 다 리 다
손 길 없어
잠 든 꽃은
Em/A
p 바람 도 자—
아무 말 없—
p
p
Em
네
네

코스모스 길

김 성 효 작사
전 인 평 작곡
1. 코 스 모 스 안 ― 기 여 길 을 가 ― 며 는 ―
2. 코 스 모 스 꽃 ― 숲 에 숨 어 앉 ― 으 면 ―
그 림 자 도 나 와 함 께 꽃 을 만 지 고
그 림 자 도 토 끼 처 럼 꿈 속 에 숨 고
Hum
<Alto>Hum
<Sop>
꽃 숲 에 서 노 래 소 리 울 려 퍼 ― 지 고 ―
<Sop>
<Alto> 꽃 향 기 만 노 래 처 럼 울 려 퍼 지 고

풍년노래

윤석중 작사
전인평 작곡

숲 속

정순영 작사
정순영 작곡

Moderato

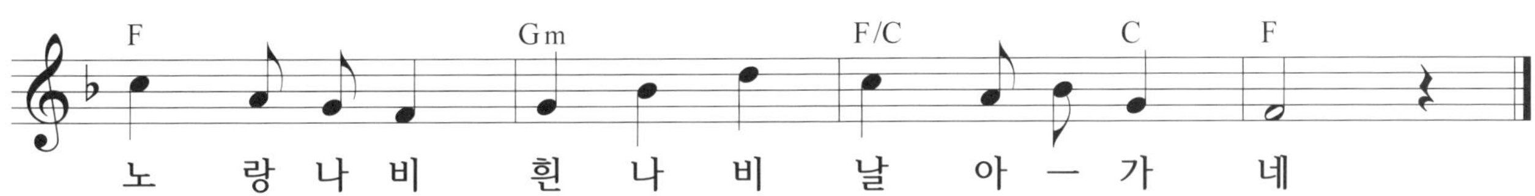

(가사는 1,2절 동일함)

엄마 도시락

정순영 작사
정순영 작곡

Allegretto

(가사는 1,2절 동일함)

횡단보도

정순영 작사
정순영 작곡

Andante

(가사는 1,2절 동일함)

그날이여 어서오라

최동호 작사
주성희 작곡

♩=80 간절하게
C E C Am F G7 C
mf
mp
C G C
1. 그 날 이 여 어 서 오 라 그 날 이 여 어 서 오 라
2. 그 날 이 여 어 서 오 라 그 날 이 여 어 서 오 라
mp
C F G
통 일 이 란 두 글 자 를 가 슴 에 달 고
통 일 이 란 두 글 자 를 가 슴 에 품 고
C F G
mf 우 리 의 소 원 을 노 래 불 러 요
우 리 의 소 원 을 노 래 불 러 요
mf

C   F   G   C
낮 에 는 햇님 이   들 어 보 라 고
밤 에 는 달님 이   들 어 보 라 고

C   F   G
저 하 늘 보 름 달 을 나 본 듯 이 보 면 서
저 하 늘 보 름 달 을 나 본 듯 이 보 면 서

C   E   C   Am   F   G7   C
통 일 의 그 날 까 지 잊 지 말 아 요
통 일 의 그 날 까 지 잊 지 말 아 요
f

무지개 나라

이성관 작사
주성희 작곡

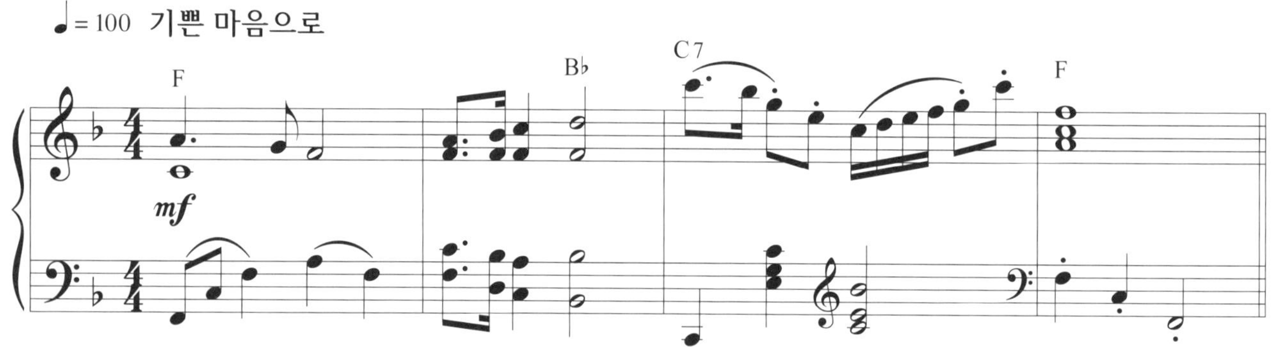

Dm A Dm A Gm F G7 C7
mf
우 리모 두 함께가 자 손 에손 잡 고
꿈 을안 고 랄 라랄 라 노 래부 르 며
F Bb C7 F
f
우 리 는 가 족 이 다 금 수 강 산 에
삼 천 리 금 수 강 산 꽃 을피 우 자

알사탕

이성관 작사
주성희 작곡

Am
Em
F
잠 도 오 지 않 은 데 이
감 긴 눈 길 화 안
mp
mp
G7
rit.
C
G7
C
눈 이 감 겨 요
꽃 이 피 어 요
p
p
rit.

작은 거인, 독도

최동호 작사
주성희 작곡
♩=85 밝고 힘있게
C   F   Dm   G7   C
mf
C mf   G7   F   C   G7
1. 여 명 의   새 아 침 이   열 리 는 ―   저 바 다 에
2. 여 명 의   새 아 침 이   밝 아 오 는   저 바 다 에
mf
cresc.
C   G7   C   Am   G7
태 평 양 을   달 려 온   거 센 바   람 막 아 주   는
태 평 양 을   건 너 온   거 센 파   도 막 아 주   는
cresc.

늠 름 한   작 은 거 인   우 리 독   도 야
늠 름 한   작 은 거 인   우 리 독   도 야
영 원 히   영 ― 원 히   잊 지 말   아 요
영 원 히   영 ― 원 히   잊 지 말   아 요

한글이 최고야

이성관 작사
주성희 작곡

C F G G7
소 리가 하 나되면 하 나가 되 면 — —
그 이름 한 글이라 우 리모 두 다같 이
한 글이 최 고야 — 우 리말 이 최고 야

C F G C
소 리가 하 나되면 하 나가 되 면 — —
그 이름 한 글이라 우 리모 두 다같 이
한 글이 최 고야 — 우 리말 이 최고 야

해바라기꽃 별 사랑

진관 작사
정유식 작곡

신작동요 한국국민악회 편

새동요집

발행일 2024년 2월 15일 초판 1쇄
발행인 문 성 모
펴낸곳 한스하우스

등 록 2000년 3월 3일(제2-3033호)
주 소 서울특별시 중구 마른내로12길 6
전 화 02-2275-1600
팩 스 02-2275-1601
이메일 hhs6186@naver.com

ISBN 978-89-92440-67-7 (03670)　　　값 15,000원